TRANZLATY

Language is for everyone

Jazyk je pro každého

The Little Mermaid

Malá Mořská Víla

Hans Christian Andersen

English / Čeština

Copyright © 2023 Tranzlaty
All rights reserved.
Published by Tranzlaty
ISBN: 978-1-83566-943-3
Original text by Hans Christian Andersen
Den Lille Havfrue
First published in Danish in 1837
www.tranzlaty.com

The Sea King's Palace
Palác mořského krále

Far out in the ocean, where the water is blue
Daleko v oceánu, kde je voda modrá
here the water is as blue as the prettiest cornflower
tady je voda modrá jako ta nejhezčí chrpa
and the water is as clear as the purest crystal
a voda je čistá jako nejčistší krystal
this water, far out in the ocean is very, very deep
tato voda, daleko v oceánu, je velmi, velmi hluboká
water so deep, indeed, that no cable could reach the bottom
voda skutečně tak hluboká, že žádný kabel nemohl dosáhnout dna
you could pile many church steeples upon each other
mohli byste na sebe naskládat mnoho kostelních věží
but all the churches could not reach the surface of the water
ale všechny kostely nemohly dosáhnout hladiny vody
There dwell the Sea King and his subjects
Tam bydlí mořský král a jeho poddaní
you might think it is just bare yellow sand at the bottom
možná si myslíte, že je to jen holý žlutý písek na dně
but we must not imagine that there is nothing there
ale nesmíme si představovat, že tam nic není
on this sand grow the strangest flowers and plants
na tomto písku rostou nejpodivnější květiny a rostliny
and you can't imagine how pliant the leaves and stems are
a nedokážete si představit, jak jsou listy a stonky ohebné
the slightest agitation of the water causes the leaves to stir
sebemenší zamíchání vody způsobí, že se listy promíchají
it is as if each leaf had a life of its own
je to, jako by každý list žil svým vlastním životem
Fishes, both large and small, glide between the branches
Mezi větvemi klouzou ryby, velké i malé
just like when birds fly among the trees here upon land
jako když ptáci létají mezi stromy tady na zemi

In the deepest spot of all stands a beautiful castle
V nejhlubším místě všech stojí nádherný zámek
this beautiful castle is the castle of the Sea King
tento krásný hrad je hrad mořského krále
the walls of the castle are built of coral
stěny hradu jsou postaveny z korálů
and the long Gothic windows are of the clearest amber
a dlouhá gotická okna jsou z nejčistšího jantaru
The roof of the castle is formed of sea shells
Střecha hradu je tvořena mořskými mušlemi
and the shells open and close as the water flows over them
a skořápky se otevírají a zavírají, jak přes ně proudí voda
Their appearance is more beautiful than can be described
Jejich vzhled je krásnější, než se dá popsat
within each shell there lies a glittering pearl
uvnitř každé lastury je třpytivá perla
and each pearl would be fit for the diadem of a queen
a každá perla by se hodila pro diadém královny

The Sea King had been a widower for many years
Mořský král byl mnoho let vdovec
and his aged mother looked after the household for him
a jeho stará matka se mu starala o domácnost
She was a very sensible woman
Byla to velmi rozumná žena
but she was exceedingly proud of her royal birth
ale byla nesmírně hrdá na své královské narození
and on that account she wore twelve oysters on her tail
a proto nosila na ocase dvanáct ústřic
others of high rank were only allowed to wear six oysters
jiní vysoce postavení směli nosit pouze šest ústřic
She was, however, deserving of very great praise
Zasloužila si však velkou pochvalu
there was something she especially deserved praise for
bylo něco, za co si obzvlášť zasloužila pochvalu

she took great care of the little sea princesses
velmi se starala o malé mořské princezny
she had six granddaughters that she loved
měla šest vnuček, které milovala
all the sea princesses were beautiful children
všechny mořské princezny byly krásné děti
but the youngest sea princess was the prettiest of them
ale nejmladší mořská princezna byla z nich nejhezčí
Her skin was as clear and delicate as a rose leaf
Její kůže byla čistá a jemná jako list růže
and her eyes were as blue as the deepest sea
a její oči byly modré jako nejhlubší moře
but, like all the others, she had no feet
ale jako všichni ostatní neměla nohy
and at the end of her body was a fish's tail
a na konci jejího těla byl rybí ocas

All day long they played in the great halls of the castle
Celý den se hrálo ve velkých sálech zámku
out of the walls of the castle grew beautiful flowers
ze zdí hradu vyrostly krásné květiny
and she loved to play among the living flowers
a ráda si hrála mezi živými květinami
The large amber windows were open, and the fish swam in
Velká jantarová okna byla otevřená a ryby vpluly dovnitř
it is just like when we leave the windows open
je to jako když necháme okna otevřená
and then the pretty swallows fly into our houses
a pak krásné vlaštovky vletí do našich domů
only the fishes swam up to the princesses
jen ryby doplavaly k princeznám
they were the only ones that ate out of her hands
byli jediní, kteří jí jedli z rukou
and they allowed themselves to be stroked by her
a nechali se od ní hladit

Outside the castle there was a beautiful garden
Před zámkem byla krásná zahrada
in the garden grew bright-red and dark-blue flowers
v zahradě rostly jasně červené a tmavě modré květy
and there grew blossoms like flames of fire
a tam rostly květy jako plameny ohně
the fruit on the plants glittered like gold
plody na rostlinách se třpytily jako zlato
and the leaves and stems continually waved to and fro
a listy a stonky se neustále vlnily sem a tam
The earth on the ground was the finest sand
Země na zemi byla tím nejjemnějším pískem
but this sand does not have the colour of the sand we know
ale tento písek nemá barvu písku, kterou známe
this sand is as blue as the flame of burning sulphur
tento písek je modrý jako plamen hořící síry
Over everything lay a peculiar blue radiance
Nad vším ležela zvláštní modrá záře
it is as if the blue sky were everywhere
jako by všude bylo modré nebe
the blue of the sky was above and below
modré nebe bylo nahoře i dole
In calm weather the sun could be seen
Za klidného počasí bylo vidět slunce
from here the sun looked like a reddish-purple flower
odtud slunce vypadalo jako červenofialový květ
and the light streamed from the calyx of the flower
a světlo proudilo z kalichu květu

the palace garden was divided into several parts
palácová zahrada byla rozdělena na několik částí
Each of the princesses had their own little plot of ground
Každá z princezen měla svůj malý pozemek
on this plot they could plant whatever flowers they pleased
na tomto pozemku mohli sázet květiny, které se jim zlíbily
one princess arranged her flower bed in the form of a whale

jedna princezna upravila svůj záhon do podoby velryby
one princess arranged her flowers like a little mermaid
jedna princezna aranžovala své květiny jako malá mořská víla
and the youngest child made her garden round, like the sun
a nejmladší dítě udělalo její zahradu kulatou jako slunce
and in her garden grew beautiful red flowers
a v její zahradě rostly krásné červené květy
these flowers were as red as the rays of the sunset
tyto květiny byly červené jako paprsky západu slunce

She was a strange child; quiet and thoughtful
Byla to zvláštní dítě; tichý a zamyšlený
her sisters showed delight at the wonderful things
její sestry projevovaly radost z úžasných věcí
the things they obtained from the wrecks of vessels
věci, které získali z vraků plavidel
but she cared only for her pretty red flowers
ale starala se jen o své krásné červené květy
although there was also a beautiful marble statue
i když tam byla také krásná mramorová socha
the statue was the representation of a handsome boy
socha představovala krásného chlapce
the boy had been carved out of pure white stone
chlapec byl vytesán z čistě bílého kamene
and the statue had fallen to the bottom of the sea from a wreck
a socha spadla na dno moře z vraku
for this marble statue of a boy she cared about too
za tuto mramorovou sochu chlapce, na kterém jí také záleželo

She planted, by the statue, a rose-colored weeping willow
U sochy zasadila růžovou smuteční vrbu
and soon the weeping willow hung its fresh branches over the statue
a brzy smuteční vrba pověsila své čerstvé větve nad sochu
the branches almost reached down to the blue sands

větve téměř sahaly až k modrému písku
The shadows of the tree had the color of violet
Stíny stromu měly barvu fialové
and the shadows waved to and fro like the branches
a stíny se vlnily sem a tam jako větve
all of this created the most interesting illusion
to vše vytvářelo tu nejzajímavější iluzi
it was as if the crown of the tree and the roots were playing
bylo to, jako by si koruna stromu a kořeny hrály
it looked as if they were trying to kiss each other
vypadalo to, jako by se pokoušeli políbit jeden druhého

her greatest pleasure was hearing about the world above
jejím největším potěšením bylo slyšet o světě nahoře
the world above the deep sea she lived in
svět nad hlubokým mořem, ve kterém žila
She made her old grandmother tell her all about the upper world
Přiměla svou starou babičku, aby jí řekla všechno o horním světě
the ships and the towns, the people and the animals
lodě a města, lidé a zvířata
up there the flowers of the land had fragrance
tam nahoře voněly květiny země
the flowers below the sea had no fragrance
květiny pod mořem neměly žádnou vůni
up there the trees of the forest were green
tam nahoře byly stromy v lese zelené
and the fishes in the trees could sing beautifully
a ryby na stromech uměly krásně zpívat
up there it was a pleasure to listen to the fish
tam nahoře byla radost poslouchat ryby
her grandmother called the birds fishes
její babička nazývala ptáky rybami
else the little mermaid would not have understood
jinak by to malá mořská víla nepochopila

because the little mermaid had never seen birds
protože malá mořská víla nikdy neviděla ptáky

her grandmother told her about the rites of mermaids
babička jí vyprávěla o obřadech mořských panen
"one day you will reach your fifteenth year"
"jednoho dne dosáhneš svého patnáctého roku"
"then you will have permission to go to the surface"
"pak budete mít povolení jít na povrch"
"you will be able to sit on the rocks in the moonlight"
"budeš moci sedět na skalách v měsíčním světle"
"and you will see the great ships go sailing by"
"a uvidíš proplouvat velké lodě"
"Then you will see forests and towns and the people"
"Pak uvidíš lesy a města a lidi"

the following year one of the sisters was going to be fifteen
v následujícím roce bylo jedné ze sester patnáct
but each sister was a year younger than the other
ale každá sestra byla o rok mladší než ta druhá
the youngest sister was going to have to wait five years before her turn
nejmladší sestra bude muset čekat pět let, než na ni přijde řada
only then could she rise up from the bottom of the ocean
teprve potom se mohla zvednout ze dna oceánu
and only then could she see the earth as we do
a teprve potom mohla vidět Zemi jako my
However, each of the sisters made each other a promise
Každá ze sester si však dala slib
they were going to tell the others what they had seen
chystali se říct ostatním, co viděli
Their grandmother could not tell them enough
Jejich babička jim to nemohla říct dost
there were so many things they wanted to know about
bylo tolik věcí, o kterých chtěli vědět

the youngest sister longed for her turn the most
nejmladší sestra toužila po svém obratu nejvíce
but, she had to wait longer than all the others
ale musela čekat déle než všichni ostatní
and she was so quiet and thoughtful about the world
a byla tak tichá a přemýšlivá o světě
there were many nights where she stood by the open window
bylo mnoho nocí, kdy stála u otevřeného okna
and she looked up through the dark blue water
a podívala se nahoru přes tmavě modrou vodu
and she watched the fish as they splashed with their fins
a sledovala ryby, jak se cákají ploutvemi
She could see the moon and stars shining faintly
Viděla, jak měsíc a hvězdy slabě svítí
but from deep below the water these things look different
ale z hloubky pod vodou tyto věci vypadají jinak
the moon and stars looked larger than they do to our eyes
Měsíc a hvězdy vypadaly větší než našim očím
sometimes, something like a black cloud went past
někdy kolem prošlo něco jako černý mrak
she knew that it could be a whale swimming over her head
věděla, že by to mohla být velryba, která jí plave nad hlavou
or it could be a ship, full of human beings
nebo by to mohla být loď plná lidských bytostí
human beings who couldn't imagine what was under them
lidské bytosti, které si nedokázaly představit, co je pod nimi
a pretty little mermaid holding out her white hands
hezká malá mořská víla natahující své bílé ruce
a pretty little mermaid reaching towards their ship
hezká malá mořská panna natahující se k jejich lodi

The Little Mermaid's Sisters
Sestry Malé mořské víly

The day came when the eldest mermaid had her fifteenth birthday
Přišel den, kdy nejstarší mořská panna měla patnácté narozeniny
now she was allowed to rise to the surface of the ocean
teď jí bylo dovoleno vystoupit na hladinu oceánu
and that night she swum up to the surface
a té noci vyplavala na hladinu
you can imagine all the things she saw up there
dokážeš si představit všechny ty věci, které tam nahoře viděla
and you can imagine all the things she had to talk about
a dokážeš si představit všechny ty věci, o kterých musela mluvit
But the finest thing, she said, was to lie on a sand bank
Ale nejlepší věc, řekla, bylo ležet na písku
in the quiet moonlit sea, near the shore
v klidném měsíčním moři, blízko pobřeží
from there she had gazed at the lights on the land
odtud se dívala na světla na zemi
they were the lights of the near-by town
byla to světla nedalekého města
the lights had twinkled like hundreds of stars
světla se třpytila jako stovky hvězd
she had listened to the sounds of music from the town
poslouchala zvuky hudby z města
she had heard noise of carriages drawn by their horses
slyšela hluk kočárů tažených jejich koňmi
and she had heard the voices of human beings
a slyšela hlasy lidských bytostí
and the had heard merry pealing of the bells
a slyšeli veselé zvonění zvonů
the bells ringing in the church steeples
zvony zvoní ve věžích kostela

but she could not go near all these wonderful things
ale nemohla se ke všem těm úžasným věcem přiblížit
so she longed for these wonderful things all the more
takže o to víc toužila po těchto úžasných věcech

you can imagine how eagerly the youngest sister listened
dokážete si představit, jak dychtivě poslouchala nejmladší sestra
the descriptions of the upper world were like a dream
popisy horního světa byly jako sen
afterwards she stood at the open window of her room
poté stála u otevřeného okna svého pokoje
and she looked to the surface, through the dark-blue water
a podívala se na hladinu skrz tmavě modrou vodu
she thought of the great city her sister had told her of
myslela na velké město, o kterém jí její sestra řekla
the great city with all its bustle and noise
velké město se vším jeho ruchem a hlukem
she even fancied she could hear the sound of the bells
dokonce se jí zdálo, že slyší zvuk zvonů
she imagined the sound of the bells carried to the depths of the sea
představovala si zvuk zvonů nesených do hlubin moře

after another year the second sister had her birthday
po dalším roce měla narozeniny druhá sestra
she too received permission to swim up to the surface
i ona dostala povolení vyplavat na hladinu
and from there she could swim about where she pleased
a odtud si mohla plavat, kde se jí zachtělo
She had gone to the surface just as the sun was setting
Vystoupila na povrch právě ve chvíli, kdy slunce zapadalo
this, she said, was the most beautiful sight of all
tohle, řekla, byl ten nejkrásnější pohled ze všech
The whole sky looked like a disk of pure gold
Celá obloha vypadala jako kotouč z čistého zlata

and there were violet and rose-colored clouds
a byly tam fialové a růžové mraky
they were too beautiful to describe, she said
byly příliš krásné, než aby je bylo možné popsat, řekla
and she said how the clouds drifted across the sky
a ona řekla, jak se mraky snášely po obloze
and something had flown by more swiftly than the clouds
a něco proletělo rychleji než mraky
a large flock of wild swans flew toward the setting sun
velké hejno divokých labutí letělo vstříc zapadajícímu slunci
the swans had been like a long white veil across the sea
labutě byly jako dlouhý bílý závoj přes moře
She had also tried to swim towards the sun
Také se snažila plavat ke slunci
but some distance away the sun sank into the waves
ale o kus dál se slunce ponořilo do vln
she saw how the rosy tints faded from the clouds
viděla, jak růžové odstíny zmizely z mraků
and she saw how the colour had also faded from the sea
a viděla, jak barva z moře také vybledla

the next year it was the third sister's turn
další rok přišla na řadu třetí sestra
this sister was the most daring of all the sisters
tato sestra byla nejodvážnější ze všech sester
she swam up a broad river that emptied into the sea
plavala po široké řece, která se vlévala do moře
On the banks of the river she saw green hills
Na březích řeky viděla zelené kopce
the green hills were covered with beautiful vines
zelené kopce byly pokryty krásnými liánami
and on the hills there were forests of trees
a na kopcích byly lesy stromů
and out of the forests palaces and castles poked out
a z lesů vyčnívaly paláce a hrady
She had heard birds singing in the trees

Slyšela zpívat ptáky na stromech
and she had felt the rays of the sun on her skin
a cítila na své kůži paprsky slunce
the rays were so strong that she had to dive back
paprsky byly tak silné, že se musela ponořit zpět
and she cooled her burning face in the cool water
a chladila si hořící obličej ve studené vodě
In a narrow creek she found a group of little children
V úzkém potoce našla skupinku malých dětí
they were the first human children she had ever seen
byly to první lidské děti, které kdy viděla
She wanted to play with the children too
Chtěla si hrát i s dětmi
but the children fled from her in a great fright
ale děti před ní ve velkém zděšení utekly
and then a little black animal came to the water
a pak přišlo k vodě malé černé zvířátko
it was a dog, but she did not know it was a dog
byl to pes, ale ona nevěděla, že je to pes
because she had never seen a dog before
protože ještě nikdy neviděla psa
and the dog barked at the mermaid furiously
a pes zuřivě štěkal na mořskou pannu
she became frightened and rushed back to the open sea
dostala strach a vrhla se zpět na otevřené moře
But she said she should never forget the beautiful forest
Ale řekla, že by nikdy neměla zapomenout na krásný les
the green hills and the pretty children
zelené kopce a krásné děti
she found it exceptionally funny how they swam
připadalo jí výjimečně legrační, jak plavali
because the little human children didn't have tails
protože malé lidské děti neměly ocasy
so with their little legs they kicked the water
tak svými malými nožičkami kopali do vody

The fourth sister was more timid than the last
Čtvrtá sestra byla bázlivější než ta předchozí
She had decided to stay in the midst of the sea
Rozhodla se zůstat uprostřed moře
but she said it was as beautiful there as nearer the land
ale říkala, že je to tam tak krásné, čím blíž k zemi
from the surface she could see many miles around her
z povrchu viděla kolem sebe mnoho mil
the sky above her looked like a bell of glass
nebe nad ní vypadalo jako skleněný zvon
and she had seen the ships sail by
a viděla proplouvat lodě
but the ships were at a very great distance from her
ale lodě byly od ní velmi daleko
and, with their sails, the ships looked like sea gulls
a s plachtami lodě vypadaly jako rackové
she saw how the dolphins played in the waves
viděla, jak si delfíni hrají ve vlnách
and great whales spouted water from their nostrils
a velké velryby chrlily vodu ze svých nozder
like a hundred fountains all playing together
jako sto fontán, které si hrají společně

The fifth sister's birthday occurred in the winter
Pátá sestra měla narozeniny v zimě
so she saw things that the others had not seen
takže viděla věci, které ostatní neviděli
at this time of the year the sea looked green
v tuto roční dobu vypadalo moře zelené
large icebergs were floating on the green water
na zelené vodě pluly velké ledovce
and each iceberg looked like a pearl, she said
a každý ledovec vypadal jako perla, řekla
but they were larger and loftier than the churches
ale byly větší a vznešenější než kostely
and they were of the most interesting shapes

a měly nejzajímavější tvary
and each iceberg glittered like diamonds
a každý ledovec se třpytil jako diamanty
She had seated herself on one of the icebergs
Posadila se na jeden z ledovců
and she let the wind play with her long hair
a nechala vítr hrát si s jejími dlouhými vlasy
She noticed something interesting about the ships
Všimla si něčeho zajímavého na lodích
all the ships sailed past the icebergs very rapidly
všechny lodě propluly kolem ledovců velmi rychle
and they steered away as far as they could
a zamířili pryč, jak jen mohli
it was as if they were afraid of the iceberg
jako by se báli ledovce
she stayed out at sea into the evening
zůstala na moři až do večera
the sun went down and dark clouds covered the sky
slunce zapadlo a oblohu zakryly tmavé mraky
the thunder rolled across the ocean of icebergs
hrom se převalil oceánem ledovců
and the flashes of lightning glowed red on the icebergs
a záblesky blesků červeně zářily na ledovcích
and the icebergs were tossed about by the heaving sea
a ledovce byly zmítány vzdouvajícím se mořem
the sails of all the ships were trembling with fear
plachty všech lodí se třásly strachem
and the mermaid sat calmly on the floating iceberg
a mořská panna klidně seděla na plovoucím ledovci
and she watched the lightning strike into the sea
a sledovala úder blesku do moře

All of her five older sisters had grown up now
Všech jejích pět starších sester už vyrostlo
therefore they could go to the surface when they pleased
proto mohli vylézt na povrch, kdy chtěli

at first they were delighted with the surface world
nejprve byli potěšeni povrchovým světem
they couldn't get enough of the new and beautiful sights
nemohli se nabažit nových a krásných památek
but eventually they all grew indifferent towards the upper world
ale nakonec se všichni stali lhostejnými vůči hornímu světu
and after a month they didn't visit the surface world much at all anymore
a po měsíci už povrchový svět moc nenavštěvovali
they told their sister it was much more beautiful at home
řekli sestře, že doma je to mnohem krásnější

Yet often, in the evening hours, they did go up
Přesto často ve večerních hodinách stoupali nahoru
the five sisters twined their arms round each other
pět sester se obtočilo rukama
and together, arm in arm, they rose to the surface
a společně, ruku v ruce, vystoupili na povrch
often they went up when there was a storm approaching
často stoupali, když se blížila bouře
they feared that the storm might win a ship
obávali se, že by bouře mohla získat loď
so they swam to the vessel and sung to the sailors
tak plavali k plavidlu a zpívali námořníkům
Their voices were more charming than that of any human
Jejich hlasy byly okouzlující než hlasy jiných lidí
and they begged the voyagers not to fear if they sank
a prosili cestovatele, aby se nebáli, kdyby se potopili
because the depths of the sea was full of delights
protože mořské hlubiny byly plné rozkoší
But the sailors could not understand their songs
Ale námořníci jejich písním nerozuměli
and they thought their singing was the sighing of the storm
a mysleli si, že jejich zpěv je vzdech bouře
therefore their songs were never beautiful to the sailors

proto jejich písně nebyly pro námořníky nikdy krásné
because if the ship sank the men would drown
protože kdyby se loď potopila, muži by se utopili
the dead gained nothing from the palace of the Sea King
mrtví nezískali nic z paláce mořského krále
but their youngest sister was left at the bottom of the sea
ale jejich nejmladší sestra zůstala na dně moře
looking up at them, she was ready to cry
když na ně vzhlédla, byla připravena plakat
you should know mermaids have no tears that they can cry
měli byste vědět, že mořské panny nemají žádné slzy, které by mohly plakat
so her pain and suffering was more acute than ours
takže její bolest a utrpení byly akutnější než naše
"Oh, I wish I was also fifteen years old!" said she
"Ach, kéž by mi bylo také patnáct let!" řekla ona
"I know that I shall love the world up there"
"Vím, že budu milovat svět tam nahoře"
"and I shall love all the people who live in that world"
"a budu milovat všechny lidi, kteří žijí v tom světě"

The Little Mermaid's Birthday
Narozeniny Malé mořské víly

but, at last, she too reached her fifteenth birthday
ale nakonec i ona dosáhla svých patnáctých narozenin
"Well, now you are grown up," said her grandmother
"No, teď jsi dospělý," řekla babička
"Come, and let me adorn you like your sisters"
"Pojď a nech mě ozdobit tě jako tvé sestry"
And she placed a wreath of white lilies in her hair
A do vlasů si vložila věnec z bílých lilií
every petal of the lilies was half a pearl
každý okvětní lístek lilií byl půl perly
Then, the old lady ordered eight great oysters to come
Pak stará dáma nařídila, aby přišlo osm velkých ústřic
the oysters attached themselves to the tail of the princess
ústřice se připevnily k ocasu princezny
under the sea oysters are used to show your rank
Podmořské ústřice se používají k zobrazení vaší hodnosti
"But the oysters hurt me so," said the little mermaid
"Ale ty ústřice mě tak bolí," řekla malá mořská víla
"Yes, I know oysters hurt," replied the old lady
"Ano, vím, že ústřice bolí," odpověděla stará paní
"but you know very well that pride must suffer pain"
"ale dobře víš, že pýcha musí trpět bolestí"
how gladly she would have shaken off all this grandeur
jak ráda by setřásla všechnu tu vznešenost
she would have loved to lay aside the heavy wreath!
byla by ráda odložila těžký věnec!
she thought of the red flowers in her own garden
myslela na červené květy ve vlastní zahradě
the red flowers would have suited her much better
červené květy by jí slušely mnohem víc
But she could not change herself into something else
Ale nedokázala se změnit v něco jiného
so she said farewell to her grandmother and sisters

tak se rozloučila s babičkou a sestrami
and, as lightly as a bubble, she rose to the surface
a lehce jako bublina vystoupila na povrch

The sun had just set when she raised her head above the waves
Slunce právě zapadlo, když zvedla hlavu nad vlny
The clouds were tinted with crimson and gold from the sunset
Mraky byly od západu slunce zbarveny karmínově a zlatě
and through the glimmering twilight beamed the evening star
a přes třpytivý soumrak zářila večernice
The sea was calm, and the sea air was mild and fresh
Moře bylo klidné a mořský vzduch mírný a svěží
A large ship with three masts lay lay calmly on the water
Velká loď se třemi stěžněmi ležela klidně na vodě
only one sail was set, for not a breeze stirred
byla natažena jen jedna plachta, protože se nepohnul ani vánek
and the sailors sat idle on deck, or amidst the rigging
a námořníci seděli nečinně na palubě nebo uprostřed lanoví
There was music and songs on board of the ship
Na palubě lodi zněla hudba a písně
as darkness came a hundred colored lanterns were lighted
jak přišla tma, rozsvítilo se sto barevných luceren
it was as if the flags of all nations waved in the air
jako by se ve vzduchu vlnily vlajky všech národů

The little mermaid swam close to the cabin windows
Malá mořská víla plavala blízko k oknům kabiny
now and then the waves of the sea lifted her up
tu a tam ji zvedly mořské vlny
she could look in through the glass window-panes
mohla nahlédnout dovnitř přes skleněné okenní tabule
and she could see a number of curiously dressed people

a viděla řadu podivně oblečených lidí
Among the people she could see there was a young prince
Mezi lidmi, které viděla, byl mladý princ
the prince was the most beautiful of them all
princ byl ze všech nejkrásnější
she had never seen anyone with such beautiful eyes
nikdy neviděla nikoho s tak krásnýma očima
it was the celebration of his sixteenth birthday
byla to oslava jeho šestnáctých narozenin
The sailors were dancing on the deck of the ship
Námořníci tančili na palubě lodi
all cheered when the prince came out of the cabin
všichni zajásali, když princ vyšel z kabiny
and more than a hundred rockets rose into the air
a do vzduchu se zvedlo více než sto raket
for some time the fireworks made the sky as bright as day
na nějakou dobu ohňostroj rozjasnil oblohu jako ve dne
of course our young mermaid had never seen fireworks before
samozřejmě naše mladá mořská panna nikdy předtím neviděla ohňostroj
startled by all the noise, she went back under the water
polekaná vším tím hlukem se vrátila pod vodu
but soon she again stretched out her head
ale brzy znovu natáhla hlavu
it was as if all the stars of heaven were falling around her
bylo to, jako by kolem ní padaly všechny nebeské hvězdy
splendid fireflies flew up into the blue air
nádherné světlušky vylétly do modrého vzduchu
and everything was reflected in the clear, calm sea
a vše se odráželo v čistém, klidném moři
The ship itself was brightly illuminated by all the light
Samotná loď byla jasně osvětlena vším světlem
she could see all the people and even the smallest rope
viděla všechny lidi a dokonce i ten nejmenší provaz

How handsome the young prince looked thanking his guests!
Jak pohledně vypadal mladý princ, když děkoval svým hostům!
and the music resounded through the clear night air!
a hudba zněla čistým nočním vzduchem!

the birthday celebrations lasted late into the night
oslavy narozenin se protáhly dlouho do noci
but the little mermaid could not take her eyes from the ship
ale malá mořská víla nemohla odtrhnout oči od lodi
nor could she take her eyes from the beautiful prince
ani nemohla odtrhnout oči od krásného prince
The colored lanterns had now been extinguished
Barevné lucerny byly nyní zhasnuté
and there were no more rockets that rose into the air
a do vzduchu už nevyletěly žádné rakety
the cannon of the ship had also ceased firing
dělo lodi také přestalo střílet
but now it was the sea that became restless
ale teď to bylo moře, které se stalo neklidným
a moaning, grumbling sound could be heard beneath the waves
pod vlnami bylo slyšet sténání, reptání
and yet, the little mermaid remained by the cabin window
a přesto zůstala malá mořská víla u okna kajuty
she was rocking up and down on the water
kolébala se po vodě nahoru a dolů
so that she could keep looking into the ship
aby se mohla dál dívat do lodi
After a while the sails were quickly set
Po chvíli byly plachty rychle nataženy
and the ship went on her way back to port
a loď se vydala na cestu zpět do přístavu

But soon the waves rose higher and higher

Ale brzy vlny stoupaly výš a výš
dark, heavy clouds darkened the night sky
temné, těžké mraky zatemnily noční oblohu
and there appeared flashes of lightning in the distance
a v dálce se objevily záblesky blesků
not far away a dreadful storm was approaching
nedaleko se blížila strašlivá bouře
Once more the sails were lowered against the wind
Plachty byly znovu spuštěny proti větru
and the great ship pursued her course over the raging sea
a velká loď sledovala svůj kurz přes rozbouřené moře
The waves rose as high as the mountains
Vlny stoupaly vysoko jako hory
one would have thought the waves were going to have the ship
jeden by si myslel, že vlny budou mít loď
but the ship dived like a swan between the waves
ale loď se ponořila jako labuť mezi vlny
then she rose again on their lofty, foaming crests
pak se znovu zvedla na jejich vznešených, pěnivých hřebenech
To the little mermaid this was pleasant to watch
Pro malou mořskou vílu to bylo příjemné sledovat
but it was not pleasant for the sailors
ale pro námořníky to nebylo nic příjemného
the ship made awful groaning and creaking sounds
loď vydávala hrozné sténání a skřípání
and the waves broke over the deck of the ship again and again
a vlny se znovu a znovu lámaly přes palubu lodi
the thick planks gave way under the lashing of the sea
silná prkna povolila pod bičováním moře
under the pressure the mainmast snapped asunder, like a reed
pod tlakem se hlavní stěžeň rozlomil jako rákos
and, as the ship lay over on her side, the water rushed in
a když loď ležela na jejím boku, voda se hrnula dovnitř

The little mermaid realized that the crew were in danger
Malá mořská víla si uvědomila, že posádka je v nebezpečí
her own situation wasn't without danger either
její vlastní situace také nebyla bez nebezpečí
she had to avoid the beams and planks scattered in the water
musela se vyhýbat trámům a prknům rozházeným ve vodě
for a moment everything turned into complete darkness
na okamžik se vše změnilo v úplnou tmu
and the little mermaid could not see where she was
a malá mořská víla neviděla, kde je
but then a flash of lightning revealed the whole scene
ale pak záblesk blesku odhalil celou scénu
she could see everyone was still on board of the ship
viděla, že všichni jsou stále na palubě lodi
well, everyone was on board of the ship, except the prince
no, všichni byli na palubě lodi, kromě prince
the ship continued on its path to the land
loď pokračovala v cestě k zemi
and she saw the prince sink into the deep waves
a viděla, jak se princ noří do hlubokých vln
for a moment this made her happier than it should have
na okamžik ji to udělalo šťastnější, než by měla
now that he was in the sea she could be with him
teď, když byl v moři, mohla být s ním
Then she remembered the limits of human beings
Pak si vzpomněla na hranice lidských bytostí
the people of the land cannot live in the water
lidé země nemohou žít ve vodě
if he got to the palace he would already be dead
kdyby se dostal do paláce, byl by už mrtvý
"No, he must not die!" she decided
"Ne, nesmí zemřít!" rozhodla se
she forget any concern for her own safety
zapomněla na jakékoli obavy o vlastní bezpečnost
and she swam through the beams and planks

a proplouvala trámy a prkny
two beams could easily crush her to pieces
dva paprsky by ji mohly snadno rozdrtit na kusy
she dove deep under the dark waters
ponořila se hluboko pod temné vody
everything rose and fell with the waves
všechno stoupalo a padalo s vlnami
finally, she managed to reach the young prince
konečně se jí podařilo dostat k mladému princi
he was fast losing the power to swim in the stormy sea
rychle ztrácel schopnost plavat v rozbouřeném moři
His limbs were starting to fail him
Začínaly mu selhávat končetiny
and his beautiful eyes were closed
a jeho krásné oči byly zavřené
he would have died had the little mermaid not come
zemřel by, kdyby malá mořská víla nepřišla
She held his head above the water
Držela jeho hlavu nad vodou
and she let the waves carry them where they wanted
a nechala je vlny nést, kam chtěli

In the morning the storm had ceased
Ráno bouře ustala
but of the ship not a single fragment could be seen
ale z lodi nebyl vidět jediný fragment
The sun came up, red and shining, out of the water
Slunce vyšlo, rudé a svítící, z vody
the sun's beams had a healing effect on the prince
sluneční paprsky měly na prince léčivý účinek
the hue of health returned to the prince's cheeks
do princových tváří se vrátil odstín zdraví
but despite the sun, his eyes remained closed
ale navzdory slunci měl oči zavřené
The mermaid kissed his high, smooth forehead
Mořská panna ho políbila na vysoké hladké čelo

and she stroked back his wet hair
a pohladila ho po mokrých vlasech
He seemed to her like the marble statue in her garden
Připadal jí jako mramorová socha v její zahradě
so she kissed him again, and wished that he lived
tak ho znovu políbila a přála si, aby žil

Presently, they came in sight of land
Nyní se dostali na dohled země
and she saw lofty blue mountains on the horizon
a na obzoru spatřila vznešené modré hory
on top of the mountains the white snow rested
na vrcholcích hor odpočíval bílý sníh
as if a flock of swans were lying upon the mountains
jako by na horách leželo hejno labutí
Beautiful green forests were near the shore
Nedaleko pobřeží byly krásné zelené lesy
and close by there stood a large building
a poblíž stála velká budova
it could have been a church or a convent
mohl to být kostel nebo klášter
but she was still too far away to be sure
ale byla ještě příliš daleko, aby si byla jistá
Orange and citron trees grew in the garden
Na zahradě rostly pomerančovníky a citroníky
and before the door stood lofty palms
a přede dveřmi stály vznešené dlaně
The sea here formed a little bay
Moře zde tvořilo malý záliv
in the bay the water lay quiet and still
v zátoce ležela voda tichá a tichá
but although the water was still, it was very deep
ale ačkoli byla voda klidná, byla velmi hluboká
She swam with the handsome prince to the beach
Plavala s pohledným princem na pláž
the beach was covered with fine white sand

pláž byla pokryta jemným bílým pískem
and on the sand she laid him in the warm sunshine
a položila ho na písek v teplém slunci
she took care to raise his head higher than his body
postarala se o to, aby zvedla hlavu výše než jeho tělo
Then bells sounded from the large white building
Pak se z velké bílé budovy rozezněly zvony
some young girls came into the garden
do zahrady vešly nějaké mladé dívky
The little mermaid swam out farther from the shore
Malá mořská víla plavala dál od břehu
she hid herself among some high rocks in the water
schovala se mezi nějaké vysoké kameny ve vodě
she covered her head and neck with the foam of the sea
zakryla si hlavu a krk pěnou moře
and she watched to see what would become of the poor prince
a dívala se, co se stane s nebohým princem

It was not long before she saw a young girl approach
Netrvalo dlouho a spatřila přicházet mladou dívku
the young girl seemed frightened, at first
mladá dívka se zpočátku zdála vyděšená
but her fear only lasted for a moment
ale její strach trval jen chvíli
then she brought over a number of people
pak přivedla několik lidí
and the mermaid saw that the prince came to life again
a mořská panna viděla, že princ znovu ožil
he smiled upon those who stood around him
usmál se na ty, kteří stáli kolem něj
But to the little mermaid the prince sent no smile
Ale malé mořské víle princ neposlal úsměv
he knew not that it was her who had saved him
nevěděl, že to byla ona, kdo ho zachránil
This made the little mermaid very sorrowful

To malou mořskou vílu velmi zarmoutilo
and then he was led away into the great building
a pak byl odveden do velké budovy
and the little mermaid dived down into the water
a malá mořská víla se ponořila do vody
and she returned to her father's castle
a vrátila se do zámku svého otce

The Little Mermaid Longs for the Upper World
Malá mořská víla touží po horním světě

She had always been the most silent and thoughtful of the sisters
Vždy byla nejtišší a nejpozoruhodnější ze sester
and now she was more silent and thoughtful than ever
a teď byla tišší a zamyšlenější než kdy jindy
Her sisters asked her what she had seen on her first visit
Její sestry se jí zeptaly, co viděla při své první návštěvě
but she could tell them nothing of what she had seen
ale nemohla jim říct nic z toho, co viděla
Many an evening and morning she returned to the surface
Mnoho večer a ráno se vracela na povrch
and she went to the place where she had left the prince
a odešla na místo, kde nechala prince
She saw the fruits in the garden ripen
Viděla, jak ovoce na zahradě dozrávalo
and she watched the fruits gathered from their trees
a dívala se na ovoce sbírané z jejich stromů
she watched the snow on the mountain tops melt away
sledovala, jak sníh na vrcholcích hor taje
but on none of her visits did she see the prince again
ale při žádné ze svých návštěv prince znovu neviděla
and therefore she always returned more sorrowful than when she left
a proto se vždy vracela smutnější, než když odcházela

her only comfort was sitting in her own little garden
její jedinou útěchou bylo sedět na vlastní malé zahrádce
she flung her arms around the beautiful marble statue
objala krásnou mramorovou sochu
the statue which looked just like the prince
socha, která vypadala jako princ
She had given up tending to her flowers
Přestala se starat o své květiny

and her garden grew in wild confusion
a její zahrada rostla v divokém zmatku
they twinied the long leaves and stems of the flowers around the trees
omotali dlouhé listy a stonky květin kolem stromů
so that the whole garden became dark and gloomy
takže celá zahrada se stala temnou a ponurou

eventually she could bear the pain no longer
nakonec už nemohla snášet bolest
and she told one of her sisters all that had happened
a řekla jedné ze svých sester vše, co se stalo
soon the other sisters heard the secret
brzy to tajemství slyšely i ostatní sestry
and very soon her secret became known to several maids
a velmi brzy se její tajemství dozvědělo několik služebných
one of the maids had a friend who knew about the prince
jedna ze služebných měla přítele, který o princi věděl
She had also seen the festival on board the ship
Festival také viděla na palubě lodi
and she told them where the prince came from
a řekla jim, odkud princ pochází
and she told them where his palace stood
a řekla jim, kde stojí jeho palác

"Come, little sister," said the other princesses
"Pojď, sestřičko," řekly ostatní princezny
they entwined their arms and rose up together
propletli paže a společně povstali
they went near to where the prince's palace stood
přistoupili k místu, kde stál princův palác
the palace was built of bright-yellow, shining stone
palác byl postaven z jasně žlutého, lesklého kamene
and the palace had long flights of marble steps
a palác měl dlouhé mramorové schody
one of the flights of steps reached down to the sea

jeden z ramen dosahoval až k moři
Splendid gilded cupolas rose over the roof
Nad střechou se tyčily nádherné zlacené kupole
the whole building was surrounded by pillars
celá budova byla obehnána sloupy
and between the pillars stood lifelike statues of marble
a mezi sloupy stály sochy z mramoru jako živé
they could see through the clear crystal of the windows
mohli vidět přes čistý krystal oken
and they could look into the noble rooms
a mohli nahlédnout do vznešených pokojů
costly silk curtains and tapestries hung from the ceiling
ze stropu visely drahé hedvábné závěsy a gobelíny
and the walls were covered with beautiful paintings
a stěny byly pokryty krásnými malbami
In the centre of the largest salon was a fountain
Uprostřed největšího salonu byla fontána
the fountain threw its sparkling jets high up
fontána vrhala své šumivé trysky vysoko nahoru
the water splashed onto the glass cupola of the ceiling
voda stříkala na skleněnou kopuli stropu
and the sun shone in through the water
a slunce svítilo dovnitř přes vodu
and the water splashed on the plants around the fountain
a voda cákala na rostliny kolem fontány

Now the little mermaid knew where the prince lived
Nyní malá mořská víla věděla, kde princ bydlí
so she spent many a night in those waters
tak v těch vodách strávila mnoho nocí
she got more courageous than her sisters had been
byla odvážnější než její sestry
and she swam much nearer the shore than they had
a plavala mnohem blíže ke břehu než oni
once she went up the narrow channel, under the marble balcony

jednou šla nahoru úzkým kanálem pod mramorový balkon
the balcony threw a broad shadow on the water
balkon vrhal na vodu široký stín
Here she sat and watched the young prince
Zde se posadila a pozorovala mladého prince
he, of course, thought he was alone in the bright moonlight
samozřejmě si myslel, že je sám v jasném měsíčním světle

She often saw him in the evenings, sailing in a beautiful boat
Často ho po večerech vídala, jak se plaví v krásné lodi
music sounded from the boat and the flags waved
z lodi zněla hudba a vlajely se vlajky
She peeped out from among the green rushes
Vykoukla z zeleně
at times the wind caught her long silvery-white veil
občas vítr zachytil její dlouhý stříbřitě bílý závoj
those who saw her veil believed it to be a swan
ti, kteří viděli její závoj, věřili, že je to labuť
her veil had all the appearance of a swan spreading its wings
její závoj vypadal jako labuť roztahující svá křídla

Many a night, too, she watched the fishermen set their nets
Mnoho nocí také sledovala, jak rybáři natahují sítě
they cast their nets in the light of their torches
vrhají své sítě ve světle svých pochodní
and she heard them tell many good things about the prince
a slyšela, jak o princi vyprávějí mnoho dobrých věcí
this made her glad that she had saved his life
to ji potěšilo, že mu zachránila život
when he was tossed around half dead on the waves
když byl polomrtvý zmítán na vlnách
She remembered how his head had rested on her bosom
Vzpomněla si, jak jeho hlava spočívala na jejích ňadrech
and she remembered how heartily she had kissed him
a vzpomněla si, jak srdečně ho políbila

but he knew nothing of all that had happened
ale nevěděl nic o tom, co se stalo
the young prince could not even dream of the little mermaid
mladý princ nemohl o malé mořské víle ani snít

She grew to like human beings more and more
Lidské bytosti si oblíbila čím dál víc
she wished more and more to be able to wander their world
stále víc si přála, aby mohla bloudit jejich světem
their world seemed to be so much larger than her own
jejich svět se zdál být mnohem větší než její vlastní
They could fly over the sea in ships
Mohli létat nad mořem na lodích
and they could mount the high hills far above the clouds
a mohli vystoupat na vysoké kopce vysoko nad mraky
in their lands they possessed woods and fields
ve svých zemích vlastnili lesy a pole
the greenery stretched beyond the reach of her sight
zeleň se táhla mimo její dohled
There was so much that she wished to know!
Bylo toho tolik, co chtěla vědět!
but her sisters were unable to answer all her questions
ale její sestry nebyly schopny odpovědět na všechny její otázky
She then went to her old grandmother for answers
Šla si pak pro odpovědi ke své staré babičce
her grandmother knew all about the upper world
její babička věděla všechno o horním světě
she rightly called this world "the lands above the sea"
právem nazvala tento svět "země nad mořem"

"If human beings are not drowned, can they live forever?"
"Pokud se lidské bytosti neutopí, mohou žít věčně?"
"Do they never die, as we do here in the sea?"
"Nikdy nezemřou, jako my tady v moři?"
"Yes, they die too," replied the old lady

"Ano, také umírají," odpověděla stará paní
"like us, they must also die," added her grandmother
"stejně jako my, musí také zemřít," dodala babička
"and their lives are even shorter than ours"
"a jejich životy jsou ještě kratší než ty naše"
"We sometimes live for three hundred years"
"Někdy žijeme i tři sta let"
"but when we cease to exist here we become foam"
"ale když tu přestaneme existovat, staneme se pěnou"
"and we float on the surface of the water"
"a plaveme na hladině vody"
"we do not have graves for those we love"
"Nemáme hroby pro ty, které milujeme"
"and we have not immortal souls"
"a nemáme nesmrtelné duše"
"after we die we shall never live again"
"Až zemřeme, už nikdy nebudeme žít"
"like the green seaweed, once it has been cut off"
"jako zelená mořská řasa, jakmile byla odříznuta"
"after we die, we can never flourish again"
"Až zemřeme, už nikdy nemůžeme vzkvétat"
"Human beings, on the contrary, have souls"
"Lidské bytosti naopak mají duši"
"even after they're dead their souls live forever"
"i když jsou mrtví, jejich duše žijí věčně"
"when we die our bodies turn to foam"
"Když zemřeme, naše těla se promění v pěnu"
"when they die their bodies turn to dust"
"Když zemřou, jejich těla se promění v prach"
"when we die we rise through the clear, blue water"
"Když zemřeme, povstaneme skrz čistou, modrou vodu"
"when they die they rise up through the clear, pure air"
"Když zemřou, povstanou čistým, čistým vzduchem"
"when we die we float no further than the surface"
"Když zemřeme, nevznášíme se dál než na povrch"
"but when they die they go beyond the glittering stars"

"ale když zemřou, jdou za třpytivé hvězdy"
"we rise out of the water to the surface"
"vystupujeme z vody na povrch"
"and we behold all the land of the earth"
"a vidíme celou zemi země"
"they rise to unknown and glorious regions"
"Povstávají do neznámých a slavných krajů"
"glorious and unknown regions which we shall never see"
"slavné a neznámé oblasti, které nikdy neuvidíme"
the little mermaid mourned her lack of a soul
malá mořská víla truchlila nad tím, že nemá duši
"Why have not we immortal souls?" asked the little mermaid
"Proč nemáme nesmrtelné duše?" zeptala se malá mořská víla
"I would gladly give all the hundreds of years that I have"
"Rád bych dal všechny ty stovky let, které mám"
"I would trade it all to be a human being for one day"
"Vyměnil bych to všechno za to, abych byl na jeden den lidskou bytostí"
"I can not imagine the hope of knowing such happiness"
"Neumím si představit naději, že poznám takové štěstí"
"the happiness of that glorious world above the stars"
"štěstí toho slavného světa nad hvězdami"
"You must not think that way," said the old woman
"Nesmíš takhle uvažovat," řekla stará žena
"We believe that we are much happier than the humans"
"Věříme, že jsme mnohem šťastnější než lidé"
"and we believe we are much better off than human beings"
"a věříme, že se máme mnohem lépe než lidské bytosti"

"So I shall die," said the little mermaid
"Takže zemřu," řekla malá mořská víla
"being the foam of the sea, I shall be washed about"
"Být pěnou moře, budu omýván"
"never again will I hear the music of the waves"
"Už nikdy neuslyším hudbu vln"
"never again will I see the pretty flowers"

"Už nikdy neuvidím ty krásné květiny"
"nor will I ever again see the red sun"
"Ani už nikdy neuvidím rudé slunce"
"Is there anything I can do to win an immortal soul?"
"Můžu něco udělat, abych získal nesmrtelnou duši?"
"No," said the old woman, "unless..."
"Ne," řekla stará žena, "pokud..."
"there is just one way to gain a soul"
"je jen jeden způsob, jak získat duši"
"a man has to love you more than he loves his father and mother"
"Muž tě musí milovat víc než svého otce a matku"
"all his thoughts and love must be fixed upon you"
"všechny jeho myšlenky a láska musí být upřeny na tebe"
"he has to promise to be true to you here and hereafter"
"Musí slíbit, že ti bude věrný tady i potom"
"the priest has to place his right hand in yours"
"kněz musí vložit svou pravou ruku do tvé"
"then your man's soul would glide into your body"
"pak by duše tvého muže vklouzla do tvého těla"
"you would get a share in the future happiness of mankind"
"dostanete podíl na budoucím štěstí lidstva"
"He would give to you a soul and retain his own as well"
"Dal by ti duši a ponechal by si také svou."
"but it is impossible for this to ever happen"
"ale je nemožné, aby se to kdy stalo"
"Your fish's tail, among us, is considered beautiful"
"Tvůj rybí ocas je mezi námi považován za krásný."
"but on earth your fish's tail is considered ugly"
"ale na zemi je tvůj rybí ocas považován za ošklivý"
"The humans do not know any better"
"Lidé neznají nic lepšího"
"their standard of beauty is having two stout props"
"jejich standardem krásy je mít dvě silné rekvizity"
"these two stout props they call their legs"
"tyto dvě statné rekvizity, kterým říkají nohy"

The little mermaid sighed at what appeared to be her destiny
Malá mořská víla si povzdechla nad tím, co se zdálo být jejím osudem
and she looked sorrowfully at her fish's tail
a smutně pohlédla na svůj rybí ocas
"Let us be happy with what we have," said the old lady
"Buďme šťastní s tím, co máme," řekla stará paní
"let us dart and spring about for the three hundred years"
"Pojďme se vrhnout a skákat po tři sta let"
"and three hundred years really is quite long enough"
"a tři sta let je opravdu dost dlouhá doba"
"After that we can rest ourselves all the better"
"Poté si můžeme odpočinout o to lépe"
"This evening we are going to have a court ball"
"Dnes večer budeme mít soudní ples"

It was one of those splendid sights we can never see on earth
Byl to jeden z těch nádherných pohledů, které na Zemi nikdy neuvidíme
the court ball took place in a large ballroom
dvorní ples se konal ve velkém tanečním sále
The walls and the ceiling were of thick transparent crystal
Stěny a strop byly ze silného průhledného křišťálu
Many hundreds of colossal sea shells stood in rows on each side
Mnoho stovek kolosálních mořských mušlí stálo v řadách na každé straně
some of the sea shells were deep red, others were grass green
některé mořské mušle byly sytě červené, jiné byly trávově zelené
and each of the sea shells had a blue fire in it
a každá z mořských mušlí měla v sobě modrý oheň
These fires lighted up the whole salon and the dancers
Tyto ohně rozzářily celý salon i tanečnice
and the sea shells shone out through the walls

a mořské mušle prosvítaly skrz stěny
so that the sea was also illuminated by their light
takže jejich světlem bylo osvětleno i moře
Innumerable fishes, great and small, swam past
Kolem proplouvalo nespočetné množství ryb, velkých i malých
some of the fishes scales glowed with a purple brilliance
některé rybí šupiny zářily fialovým leskem
and other fishes shone like silver and gold
a jiné ryby zářily jako stříbro a zlato
Through the halls flowed a broad stream
Síněmi protékal široký potok
and in the stream danced the mermen and the mermaids
a v potoce tančili mořeplavci a mořské panny
they danced to the music of their own sweet singing
tančili na hudbu vlastního sladkého zpěvu

No one on earth has such lovely voices as they
Nikdo na světě nemá tak krásné hlasy jako oni
but the little mermaid sang more sweetly than all
ale malá mořská víla zpívala sladce než všichni
The whole court applauded her with hands and tails
Celý dvůr jí tleskal rukama a ocasy
and for a moment her heart felt quite happy
a její srdce bylo na okamžik docela šťastné
because she knew she had the sweetest voice in the sea
protože věděla, že má ten nejsladší hlas v moři
and she knew she had the sweetest voice on land
a věděla, že má ten nejsladší hlas na zemi
But soon she thought again of the world above her
Ale brzy znovu myslela na svět nad ní
she could not forget the charming prince
nemohla zapomenout na okouzlujícího prince
it reminded her that he had an immortal soul
připomnělo jí to, že má nesmrtelnou duši
and she could not forget that she had no immortal soul

a nemohla zapomenout, že nemá nesmrtelnou duši
She crept away silently out of her father's palace
Tiše se odplížila z otcova paláce
everything within was full of gladness and song
všechno uvnitř bylo plné radosti a písně
but she sat in her own little garden, sorrowful and alone
ale seděla ve své vlastní malé zahradě, smutná a sama
Then she heard the bugle sounding through the water
Pak uslyšela, jak ve vodě zní polnice
and she thought, "He is certainly sailing above"
a pomyslela si: "Určitě pluje nahoře"
"he, the beautiful prince, in whom my wishes centre"
"on, krásný princ, v němž se soustředí moje přání"
"he, in whose hands I should like to place my happiness"
"on, do jehož rukou bych rád vložil své štěstí"
"I will venture all for him to win an immortal soul"
"Udělám pro něj všechno, abych získal nesmrtelnou duši"
"my sisters are dancing in my father's palace"
"Moje sestry tančí v paláci mého otce"
"but I will go to the sea witch"
"ale já půjdu k mořské čarodějnici"
"the sea witch of whom I have always been so afraid"
"mořská čarodějnice, které jsem se vždy tak bál"
"but the sea witch can give me counsel, and help"
"ale mořská čarodějnice mi může poradit a pomoci"

The Sea Witch
Mořská čarodějnice

Then the little mermaid went out from her garden
Potom malá mořská víla vyšla ze své zahrady
and she took the path to the foaming whirlpools
a vydala se cestou k pěnivým vírům
behind the foaming whirlpools the sorceress lived
za pěnivými víry žila čarodějnice
the little mermaid had never gone that way before
malá mořská víla nikdy předtím nešla touto cestou
Neither flowers nor grass grew where she was going
Kam odcházela, nerostly květiny ani tráva
there was nothing but bare, gray, sandy ground
nebylo nic než holá, šedá, písčitá půda
this barren land stretched out to the whirlpool
tato neplodná země se táhla až k víru
the water was like foaming mill wheels
voda byla jako zpěněná mlýnská kola
and the whirlpools seized everything that came within reach
a víry se zmocnily všeho, co bylo na dosah
the whirlpools cast their prey into the fathomless deep
víry vrhají svou kořist do bezedné hlubiny
Through these crushing whirlpools she had to pass
Přes tyto drtivé víry musela projít
only then could she reach the dominions of the sea witch
teprve potom mohla dosáhnout panství mořské čarodějnice
after this came a stretch of warm, bubbling mire
poté přišel úsek teplého, bublajícího bahna
the sea witch called the bubbling mire her turf moor
mořská čarodějnice nazývala bublající bahno svým rašeliništěm

Beyond her turf moor was the witch's house
Za jejím rašeliništěm byl dům čarodějnice
her house stood in the centre of a strange forest

její dům stál uprostřed podivného lesa
in this forest all the trees and flowers were polypi
v tomto lese byly všechny stromy a květiny polypi
but they were only half plant; the other half was animal
ale byly jen napůl rostlinné; druhá polovina byla zvířecí
They looked like serpents with a hundred heads
Vypadali jako hadi se stovkou hlav
and each serpent was growing out of the ground
a každý had rostl ze země
Their branches were long, slimy arms
Jejich větve byly dlouhé, slizké paže
and they had fingers like flexible worms
a měli prsty jako ohební červi
each of their limbs, from the root to the top, moved
každá z jejich končetin, od kořene až po vrchol, se pohybovala
All that could be reached in the sea they seized upon
Všechno, čeho se dalo dosáhnout v moři, se zmocnili
and what they caught they held on tightly to
a čeho se chytili, toho se pevně drželi
so that what they caught never escaped from their clutches
aby to, co chytili, nikdy neuniklo z jejich spárů

The little mermaid was alarmed at what she saw
Malá mořská víla byla znepokojena tím, co viděla
she stood still and her heart beat with fear
stála na místě a srdce jí bušilo strachem
She came very close to turning back
Byla velmi blízko k otočení zpět
but she thought of the beautiful prince
ale myslela na krásného prince
and she thought of the human soul for which she longed
a myslela na lidskou duši, po které toužila
with these thoughts her courage returned
s těmito myšlenkami se jí vrátila odvaha
She fastened her long, flowing hair round her head
Sepnula si dlouhé, vlající vlasy kolem hlavy

so that the polypi could not grab hold of her hair
aby ji polypi nemohl uchopit za vlasy
and she crossed her hands across her bosom
a zkřížila si ruce na prsou
and then she darted forward like a fish through the water
a pak vyrazila kupředu jako ryba vodou
between the subtle arms and fingers of the ugly polypi
mezi subtilními pažemi a prsty ošklivých polypů
the polypi were stretched out on each side of her
polypi byly natažené na každé její straně
She saw that they all held something in their grasp
Viděla, že všichni něco drží v sevření
something they had seized with their numerous little arms
něco, čeho se zmocnili svými četnými malými pažemi
they were holding white skeletons of human beings
drželi bílé kostry lidských bytostí
sailors who had perished at sea in storms
námořníci, kteří zahynuli na moři v bouřích
sailors who had sunk down into the deep waters
námořníci, kteří se potopili do hlubokých vod
and there were skeletons of land animals
a byly tam kostry suchozemských zvířat
and there were oars, rudders, and chests of ships
a byla tam vesla, kormidla a truhly lodí
There was even a little mermaid whom they had caught
Byla tam dokonce i malá mořská víla, kterou chytili
the poor mermaid must have been strangled by the hands
nebohá mořská panna musela být uškrcena rukama
to her this seemed the most shocking of all
jí to připadalo ze všeho nejvíc šokující

finally, she came to a space of marshy ground in the woods
nakonec se dostala do prostoru bažinaté půdy v lesích
here there were large fat water snakes rolling in the mire
tady se v bahně váleli velcí tlustí vodní hadi
the snakes showed their ugly, drab-colored bodies

hadi ukázali svá ošklivá, fádně zbarvená těla
In the midst of this spot stood a house
Uprostřed tohoto místa stál dům
the house was built of the bones of shipwrecked human beings
dům byl postaven z kostí ztroskotaných lidských bytostí
and in the house sat the sea witch
a v domě seděla mořská čarodějnice
she was allowing a toad to eat from her mouth
nechávala ropuchu jíst z úst
just like when people feed a canary with pieces of sugar
stejně jako když lidé krmí kanára kousky cukru
She called the ugly water snakes her little chickens
Ošklivým vodním hadům říkala svá malá kuřátka
and she allowed her little chickens to crawl all over her
a dovolila svým malým kuřátkům, aby po ní lezla

"I know what you want," said the sea witch
"Vím, co chceš," řekla mořská čarodějnice
"It is very stupid of you to want such a thing"
"Je od tebe velmi hloupé, že chceš něco takového"
"but you shall have your way, however stupid it is"
"ale budeš mít svůj způsob, ať je to jakkoli hloupé"
"though your wish will bring you to sorrow, my pretty princess"
"ačkoli tvé přání tě přivede ke smutku, má krásná princezno"
"You want to get rid of your mermaid's tail"
"Chceš se zbavit ocasu své mořské panny"
"and you want to have two stumps instead"
"a ty chceš mít místo toho dva pahýly"
"this will make you like the human beings on earth"
"díky tomu budete mít rádi lidské bytosti na zemi"
"and then the young prince might fall in love with you"
"a pak by se do tebe mohl mladý princ zamilovat"
"and then you might have an immortal soul"
"a pak můžeš mít nesmrtelnou duši"

the witch laughed loud and disgustingly
zasmála se čarodějnice hlasitě a nechutně
the toad and the snakes fell to the ground
ropucha a hadi spadli na zem
and they lay there wriggling on the floor
a leželi tam a svíjeli se na podlaze
"You came to me just in time," said the witch
"Přišel jsi ke mně právě včas," řekla čarodějnice
"after sunrise tomorrow it would have been too late"
"po zítřejším východu slunce by bylo příliš pozdě"
"after tomorrow I would not have been able to help you till the end of another year"
"Po zítřku bych ti nebyl schopen pomoci do konce dalšího roku"
"I will prepare a potion for you"
"Připravím ti lektvar"
"swim up to the land tomorrow, before sunrise"
"Zítra před východem slunce plavat k zemi"
"seat yourself there and drink the potion"
"Posaďte se tam a vypijte lektvar"
"after you drink the potion your tail will disappear"
"Až vypiješ lektvar, tvůj ocas zmizí"
"and then you will have what men call legs"
"a pak budeš mít to, čemu muži říkají nohy"

"all will say you are the prettiest girl in the world"
"všichni budou říkat, že jsi ta nejhezčí holka na světě"
"but for this you will have to endure great pain"
"ale za to budeš muset vydržet velkou bolest"
"it will be as if a sword were passing through you"
"Bude to, jako by tebou procházel meč"
"You will still have the same gracefulness of movement"
"Stále budete mít stejnou ladnost pohybu"
"it will be as if you are floating over the ground"
"Bude to, jako byste se vznášeli nad zemí"
"and no dancer will ever tread as lightly as you"

"a žádný tanečník nikdy nebude šlapat tak lehce jako ty"
"but every step you take will cause you great pain"
"ale každý krok, který uděláš, ti způsobí velkou bolest"
"it will be as if you were treading upon sharp knives"
"bude to, jako byste šlapali po ostrých noži"
"If you bear all this suffering, I will help you"
"Pokud sneseš všechno to utrpení, pomůžu ti"
the little mermaid thought of the prince
pomyslela malá mořská víla na prince
and she thought of the happiness of an immortal soul
a myslela na štěstí nesmrtelné duše
"Yes, I will," said the little princess
"Ano, budu," řekla malá princezna
but, as you can imagine, her voice trembled with fear
ale jak si dokážete představit, její hlas se třásl strachem

"do not rush into this," said the witch
"Nespěchej do toho," řekla čarodějnice
"once you are shaped like a human, you can never return"
"Jakmile budeš tvarován jako člověk, už se nikdy nemůžeš vrátit"
"and you will never again take the form of a mermaid"
"a už nikdy nebudeš mít podobu mořské panny"
"You will never return through the water to your sisters"
"Nikdy se nevrátíš přes vodu ke svým sestrám"
"nor will you ever go to your father's palace again"
"ani už nikdy nepůjdeš do paláce svého otce"
"you will have to win the love of the prince"
"budeš muset získat lásku prince"
"he must be willing to forget his father and mother for you"
"Musí být ochoten kvůli tobě zapomenout na svého otce a matku"
"and he must love you with all of his soul"
"a musí tě milovat celou svou duší"
"the priest must join your hands together"
"kněz musí spojit vaše ruce"

"and he must make you man and wife in holy matrimony"
"a musí z vás udělat muže a ženu ve svatém manželství"
"only then will you have an immortal soul"
"jen tak budeš mít nesmrtelnou duši"
"but you must never allow him to marry another woman"
"ale nikdy mu nesmíš dovolit, aby si vzal jinou ženu"
"the morning after he marries another woman, your heart will break"
"Ráno poté, co si vezme jinou ženu, ti pukne srdce"
"and you will become foam on the crest of the waves"
"a staneš se pěnou na hřebeni vln"
the little mermaid became as pale as death
malá mořská víla zbledla jako smrt
"I will do it," said the little mermaid
"Udělám to," řekla malá mořská víla

"But I must be paid, also," said the witch
"Ale já musím taky dostat zaplaceno," řekla čarodějnice
"and it is not a trifle that I ask for"
"a není to maličkost, o kterou žádám"
"You have the sweetest voice of any who dwell here"
"Máš ten nejsladší hlas ze všech, kdo tu bydlí."
"you believe that you can charm the prince with your voice"
"Věříš, že můžeš prince okouzlit svým hlasem"
"But your beautiful voice you must give to me"
"Ale svůj krásný hlas mi musíš dát."
"The best thing you possess is the price of my potion"
"To nejlepší, co máš, je cena mého lektvaru."
"the potion must be mixed with my own blood"
"lektvar musí být smíchán s mou vlastní krví"
"only this mixture makes the potion as sharp as a two-edged sword"
"pouze tato směs činí lektvar ostrý jako dvousečný meč"

the little mermaid tried to object to the cost
pokusila se malá mořská víla namítnout proti ceně

"But if you take away my voice..." said the little mermaid
"Ale když mi odebereš hlas..." řekla malá mořská víla
"if you take away my voice, what is left for me?"
"Když mi vezmeš hlas, co mi zbude?"
"Your beautiful form," suggested the sea witch
"Vaše krásná podoba," navrhla mořská čarodějnice
"your graceful walk, and your expressive eyes"
"tvá ladná chůze a tvé výrazné oči"
"Surely, with these things you can enchain a man's heart?"
"Jistě, těmito věcmi můžete spoutat mužské srdce?"
"Well, have you lost your courage?" the sea witch asked
"No, ztratil jsi odvahu?" zeptala se mořská čarodějnice
"Put out your little tongue, so that I can cut it off"
"Vypni svůj jazýček, abych ti ho mohl uříznout"
"then you shall have the powerful potion"
"pak budeš mít mocný lektvar"
"It shall be," said the little mermaid
"To bude," řekla malá mořská víla

Then the witch placed her cauldron on the fire
Potom čarodějnice položila svůj kotlík na oheň
"Cleanliness is a good thing," said the sea witch
"Čistota je dobrá věc," řekla mořská čarodějnice
she scoured the vessels for the right snake
hledala v nádobách správného hada
all the snakes had been tied together in a large knot
všichni hadi byli svázáni do velkého uzlu
Then she pricked herself in the breast
Pak se píchla do prsou
and she let the black blood drop into the caldron
a nechala černou krev kapat do kotle
The steam that rose twisted itself into horrible shapes
Pára, která stoupala, se zkroutila do příšerných tvarů
no person could look at the shapes without fear
nikdo se nemohl dívat na tvary beze strachu

Every moment the witch threw new ingredients into the vessel
Čarodějnice každou chvíli vhazovala do nádoby nové ingredience
finally, with everything inside, the caldron began to boil
konečně se vším uvnitř se kotel začal vařit
there was the sound like the weeping of a crocodile
ozval se zvuk jako krokodýlový pláč
and at last the magic potion was ready
a konečně byl kouzelný lektvar připraven
despite its ingredients, the potion looked like the clearest water
navzdory svým přísadám vypadal lektvar jako nejčistší voda
"There it is, all for you," said the witch
"Tady to je, všechno pro tebe," řekla čarodějnice
and then she cut off the little mermaid's tongue
a pak malé mořské víle uřízla jazyk
so that the little mermaid could never again speak, nor sing again
aby malá mořská víla už nikdy nemohla mluvit ani zpívat
"the polypi might try and grab you on the way out"
"Polypi by se tě mohl pokusit chytit na cestě ven"
"if they try, throw over them a few drops of the potion"
"Pokud to zkusí, hoďte přes ně pár kapek lektvaru"
"and their fingers will be torn into a thousand pieces"
"a jejich prsty budou roztrhány na tisíc kousků"
But the little mermaid had no need to do this
Ale malá mořská víla to nemusela dělat
the polypi sprang back in terror when they saw her
polypi vyskočily hrůzou, když ji uviděly
they saw she had lost her tongue to the sea witch
viděli, že kvůli mořské čarodějnici ztratila jazyk
and they saw she was carrying the potion
a viděli, že nese lektvar
the potion shone in her hand like a twinkling star
lektvar v její ruce zářil jako třpytivá hvězda

So she passed quickly through the wood and the marsh
Rychle tedy prošla lesem a bažinami
and she passed between the rushing whirlpools
a procházela mezi řítícími se víry
soon she made her way back to the palace of her father
brzy se vrátila do paláce svého otce
all the torches in the ballroom were extinguished
všechny pochodně v tanečním sále zhasly
all within the palace must now be asleep
všichni v paláci teď musí spát
But she did not go inside to see them
Ale nešla dovnitř, aby je viděla
she knew she was going to leave them forever
věděla, že je navždy opustí
and she knew her heart would break if she saw them
a věděla, že kdyby je viděla, zlomilo by jí srdce
she went into the garden one last time
naposledy šla do zahrady
and she took a flower from each one of her sisters
a vzala květinu od každé ze svých sester
and then she rose up through the dark-blue waters
a pak se zvedla skrz tmavě modré vody

The Little Mermaid Meets the Prince
Malá mořská víla se setkává s princem

the little mermaid arrived at the prince's palace
malá mořská víla dorazila do princova paláce
the sun had not yet risen from the sea
slunce ještě nevyšlo z moře
and the moon shone clear and bright in the night
a měsíc jasně a jasně svítil v noci
the little mermaid sat at the beautiful marble steps
malá mořská víla seděla u krásných mramorových schodů
and then the little mermaid drank the magic potion
a pak malá mořská víla vypila kouzelný lektvar
she felt the cut of a two-edged sword cut through her
cítila, jak ji prořízl řez dvousečným mečem
and she fell into a swoon, and lay like one dead
a upadla do mdlob a ležela jako mrtvá
the sun rose from the sea and shone over the land
slunce vycházelo z moře a svítilo nad zemí
she recovered and felt the pain from the cut
vzpamatovala se a cítila bolest z řezu
but before her stood the handsome young prince
ale před ní stál pohledný mladý princ

He fixed his coal-black eyes upon the little mermaid
Upřel své uhlově černé oči na malou mořskou vílu
he looked so earnestly that she cast down her eyes
podíval se tak vážně, že sklopila oči
and then she became aware that her fish's tail was gone
a pak si uvědomila, že její rybí ocas je pryč
she saw that she had the prettiest pair of white legs
viděla, že má nejhezčí pár bílých nohou
and she had tiny feet, as any little maiden would have
a měla malinká chodidla, jako by měla každá malá dívka
But, having come from the sea, she had no clothes
Ale protože přišla z moře, neměla žádné šaty

so she wrapped herself in her long, thick hair
tak se zahalila do svých dlouhých hustých vlasů
The prince asked her who she was and whence she came
Princ se jí zeptal, kdo je a odkud přišla
She looked at him mildly and sorrowfully
Dívala se na něj mírně a smutně
but she had to answer with her deep blue eyes
ale musela odpovědět svýma tmavě modrýma očima
because the little mermaid could not speak anymore
protože malá mořská víla už nemohla mluvit
He took her by the hand and led her to the palace
Vzal ji za ruku a vedl do paláce

Every step she took was as the witch had said it would be
Každý její krok byl takový, jaký čarodějnice řekla, že bude
she felt as if she were treading upon sharp knives
měla pocit, jako by šlapala po ostrých noži
She bore the pain of her wish willingly, however
Snášela však bolest svého přání ochotně
and she moved at the prince's side as lightly as a bubble
a pohybovala se po princově boku lehce jako bublina
all who saw her wondered at her graceful, swaying movements
všichni, kdo ji viděli, žasli nad jejími půvabnými, kolébavými pohyby
She was very soon arrayed in costly robes of silk and muslin
Velmi brzy byla oblečena do drahých hábitů z hedvábí a mušelínu
and she was the most beautiful creature in the palace
a byla to nejkrásnější stvoření v paláci
but she appeared dumb, and could neither speak nor sing
ale vypadala jako němá a nemohla ani mluvit, ani zpívat

there were beautiful female slaves, dressed in silk and gold
byly tam krásné otrokyně, oblečené v hedvábí a zlatě
they stepped forward and sang in front of the royal family

předstoupili a zazpívali před královskou rodinou
each slave could sing better than the next one
každý otrok uměl zpívat lépe než ten další
and the prince clapped his hands and smiled at her
a princ zatleskal rukama a usmál se na ni
This was a great sorrow to the little mermaid
To byl velký zármutek pro malou mořskou vílu
she knew how much more sweetly she was able to sing
věděla, jak sladce je schopná zpívat
"if only he knew I have given away my voice to be with him!"
"Kdyby jen věděl, že jsem prozradil svůj hlas, abych byl s ním!"

there was music being played by an orchestra
tam byla hudba, kterou hrál orchestr
and the slaves performed some pretty, fairy-like dances
a otroci předvedli pěkné tance jako víla
Then the little mermaid raised her lovely white arms
Pak malá mořská víla zvedla své krásné bílé paže
she stood on the tips of her toes like a ballerina
stála na špičkách prstů jako baletka
and she glided over the floor like a bird over water
a klouzala po podlaze jako pták po vodě
and she danced as no one yet had been able to dance
a tančila tak, jak ještě nikdo tančit neuměl
At each moment her beauty was more revealed
Každou chvíli byla její krása odhalena
most appealing of all, to the heart, were her expressive eyes
nejpřitažlivější pro srdce byly její výrazné oči
Everyone was enchanted by her, especially the prince
Všichni jí byli okouzleni, především princ
the prince called her his deaf little foundling
princ ji nazval svým malým hluchým nalezencem
and she happily continued to dance, to please the prince
a vesele pokračovala v tanci, aby potěšila prince

but we must remember the pain she endured for his pleasure
ale musíme si pamatovat bolest, kterou snášela pro jeho potěšení
every step on the floor felt as if she trod on sharp knives
každý krok na podlaze měl pocit, jako by šlapala na ostré nože

The prince said she should remain with him always
Princ řekl, že by s ním měla vždy zůstat
and she was given permission to sleep at his door
a dostala povolení spát u jeho dveří
they brought a velvet cushion for her to lie on
přinesli jí sametový polštář, na který si mohla lehnout
and the prince had a page's dress made for her
a princ pro ni nechal ušít pážecí šaty
this way she could accompany him on horseback
takhle ho mohla doprovázet na koni
They rode together through the sweet-scented woods
Jeli spolu přes sladce vonící lesy
in the woods the green branches touched their shoulders
v lese se zelené větve dotýkaly jejich ramen
and the little birds sang among the fresh leaves
a ptáčci zpívali mezi čerstvými listy
She climbed with him to the tops of high mountains
Vyšplhala s ním na vrcholky vysokých hor
and although her tender feet bled, she only smiled
a přestože její něžné nohy krvácely, jen se usmála
she followed him till the clouds were beneath them
následovala ho, dokud pod nimi nebyly mraky
like a flock of birds flying to distant lands
jako hejno ptáků létajících do vzdálených zemí

when all were asleep she sat on the broad marble steps
když všichni spali, posadila se na široké mramorové schody
it eased her burning feet to bathe them in the cold water

to usnadnilo její hořící nohy, aby je vykoupala ve studené vodě
It was then that she thought of all those in the sea
Tehdy myslela na všechny ty v moři
Once, during the night, her sisters came up, arm in arm
Jednou v noci přišly její sestry, ruku v ruce
they sang sorrowfully as they floated on the water
zpívali žalostně, když pluli na vodě
She beckoned to them, and they recognized her
Kývla na ně a oni ji poznali
they told her how they had grieved their youngest sister
řekli jí, jak zarmoutili svou nejmladší sestru
after that, they came to the same place every night
poté přicházeli každou noc na stejné místo
Once she saw in the distance her old grandmother
Jednou v dálce uviděla svou starou babičku
she had not been to the surface of the sea for many years
mnoho let nebyla na hladině moře
and the old Sea King, her father, with his crown on his head
a starého mořského krále, jejího otce, s korunou na hlavě
he too came to where she could see him
i on přišel tam, kde ho mohla vidět
They stretched out their hands towards her
Natáhli k ní ruce
but they did not venture as near the land as her sisters
ale neodvážily se tak blízko země jako její sestry

As the days passed she loved the prince more dearly
Jak dny plynuly, milovala prince čím dál víc
and he loved her as one would love a little child
a miloval ji, jako by člověk miloval malé dítě
The thought never came to him to make her his wife
Nikdy ho nenapadlo udělat z ní manželku
but, unless he married her, her wish would never come true
ale pokud si ji nevzal, její přání by se nikdy nesplnilo
unless he married her she could not receive an immortal soul

pokud si ji nevzal, nemohla by získat nesmrtelnou duši
and if he married another her dreams would shatter
a kdyby si vzal jinou, její sny by se rozbily
on the morning after his marriage she would dissolve
ráno po jeho svatbě by se rozpustila
and the little mermaid would become the foam of the sea
a malá mořská víla by se stala pěnou moře

the prince took the little mermaid in his arms
princ vzal malou mořskou vílu do náruče
and he kissed her on her forehead
a políbil ji na čelo
with her eyes she tried to ask him
očima se ho pokusila zeptat
"Do you not love me the most of them all?"
"Copak mě nemiluješ nejvíc ze všech?"
"Yes, you are dear to me," said the prince
"Ano, jsi mi drahý," řekl princ
"because you have the best heart"
"protože máš nejlepší srdce"
"and you are the most devoted to me"
"a ty jsi mi nejvíce oddaný"
"You are like a young maiden whom I once saw"
"Jsi jako mladá dívka, kterou jsem kdysi viděl"
"but I shall never meet this young maiden again"
"ale už nikdy nepotkám tuhle mladou dívku"
"I was in a ship that was wrecked"
"Byl jsem na lodi, která ztroskotala"
"and the waves cast me ashore near a holy temple"
"a vlny mě vyvrhly na břeh poblíž svatého chrámu"
"at the temple several young maidens performed the service"
"v chrámu konalo službu několik mladých dívek"
"The youngest maiden found me on the shore"
"Nejmladší dívka mě našla na břehu"
"and the youngest of the maidens saved my life"
"a nejmladší z dívek mi zachránila život"

"I saw her but twice," he explained
"Viděl jsem ji ale dvakrát," vysvětlil
"and she is the only one in the world whom I could love"
"a ona je jediná na světě, kterou bych mohl milovat"
"But you are like her," he reassured the little mermaid
"Ale ty jsi jako ona," ujistil malou mořskou vílu
"and you have almost driven her image from my mind"
"a málem jsi vyhnal její obraz z mé mysli"
"She belongs to the holy temple"
"Patří do svatého chrámu"
"good fortune has sent you instead of her to me"
"štěstí ke mně poslalo místo ní tebe"
"We will never part," he comforted the little mermaid
"Nikdy se nerozdělíme," utěšoval malou mořskou vílu

but the little mermaid could not help but sigh
ale malá mořská víla si nemohla pomoct a povzdechla si
"he knows not that it was I who saved his life"
"Neví, že jsem to byl já, kdo mu zachránil život"
"I carried him over the sea to where the temple stands"
"Přenesl jsem ho přes moře tam, kde stojí chrám."
"I sat beneath the foam till the human came to help him"
"Seděl jsem pod pěnou, dokud mu člověk nepřišel pomoci."
"I saw the pretty maiden that he loves"
"Viděl jsem hezkou dívku, kterou miluje"
"the pretty maiden that he loves more than me"
"hezká dívka, kterou miluje víc než mě"
The mermaid sighed deeply, but she could not weep
Mořská panna si zhluboka povzdechla, ale nemohla plakat
"He says the maiden belongs to the holy temple"
"Říká, že dívka patří do svatého chrámu"
"therefore she will never return to the world"
"proto se nikdy nevrátí do světa"
"they will meet no more," the little mermaid hoped
"Už se nesetkají," doufala malá mořská víla
"I am by his side and see him every day"

"Jsem po jeho boku a vidím ho každý den"
"I will take care of him, and love him"
"Postarám se o něj a budu ho milovat"
"and I will give up my life for his sake"
"a kvůli němu vzdám svůj život"

The Day of the Wedding
Den svatby

Very soon it was said that the prince was going to marry
Velmi brzy bylo řečeno, že se princ bude ženit
there was the beautiful daughter of a neighbouring king
byla tam krásná dcera sousedního krále
it was said that she would be his wife
říkalo se, že bude jeho manželkou
for the occasion a fine ship was being fitted out
pro tuto příležitost byla vybavována pěkná loď
the prince said he intended only to visit the king
princ řekl, že má v úmyslu pouze navštívit krále
they thought he was only going so as to meet the princess
mysleli si, že jde jen proto, aby se setkal s princeznou
The little mermaid smiled and shook her head
Malá mořská víla se usmála a zavrtěla hlavou
She knew the prince's thoughts better than the others
Znala princovy myšlenky lépe než ostatní

"I must travel," he had said to her
"Musím cestovat," řekl jí
"I must see this beautiful princess"
"Musím vidět tu krásnou princeznu"
"My parents want me to go and see her"
"Moji rodiče chtějí, abych šel a viděl ji"
"but they will not oblige me to bring her home as my bride"
"ale nebudou mě nutit, abych si ji přivedl domů jako svou nevěstu"
"you know that I cannot love her"
"Víš, že ji nemůžu milovat"
"because she is not like the beautiful maiden in the temple"
"Protože není jako krásná dívka v chrámu"
"the beautiful maiden whom you resemble"
"krásná dívka, které se podobáš"
"If I were forced to choose a bride, I would choose you"

"Kdybych byl nucen vybrat si nevěstu, vybral bych si tebe"
"my deaf foundling, with those expressive eyes"
"Můj hluchý nalezenec, s těma výraznýma očima"
Then he kissed her rosy mouth
Pak ji políbil na růžová ústa
and he played with her long, waving hair
a hrál si s jejími dlouhými vlnícími se vlasy
and he laid his head on her heart
a položil hlavu na její srdce
she dreamed of human happiness and an immortal soul
snila o lidském štěstí a nesmrtelné duši

they stood on the deck of the noble ship
stáli na palubě vznešené lodi
"You are not afraid of the sea, are you?" he said
"Ty se moře nebojíš, že ne?" řekl
the ship was to carry them to the neighbouring country
loď je měla dopravit do sousední země
Then he told her of storms and of calms
Pak jí vyprávěl o bouřích a o klidu
he told her of strange fishes deep beneath the water
vyprávěl jí o podivných rybách hluboko pod vodou
and he told her of what the divers had seen there
a řekl jí, co tam potápěči viděli
She smiled at his descriptions, slightly amused
Trochu pobaveně se nad jeho popisy usmála
she knew better what wonders were at the bottom of the sea
lépe věděla, jaké divy jsou na dně moře

the little mermaid sat on the deck at moonlight
malá mořská víla seděla na palubě za svitu měsíce
all on board were asleep, except the man at the helm
všichni na palubě spali, kromě muže u kormidla
and she gazed down through the clear water
a dívala se dolů skrz čistou vodu
She thought she could distinguish her father's castle

Myslela si, že dokáže rozeznat hrad svého otce
and in the castle she could see her aged grandmother
a na hradě viděla svou starou babičku
Then her sisters came out of the waves
Pak její sestry vystoupily z vln
and they gazed at their sister mournfully
a smutně hleděli na svou sestru
She beckoned to her sisters, and smiled
Kývla na sestry a usmála se
she wanted to tell them how happy and well off she was
chtěla jim říct, jak je šťastná a jak se má dobře
But the cabin boy approached and her sisters dived down
Palubník se ale přiblížil a její sestry se ponořily dolů
he thought what he saw was the foam of the sea
myslel si, že to, co viděl, byla pěna moře

The next morning the ship got into the harbour
Druhý den ráno se loď dostala do přístavu
they had arrived in a beautiful coastal town
dorazili do krásného pobřežního města
on their arrival they were greeted by church bells
při příchodu je vítaly kostelní zvony
and from the high towers sounded a flourish of trumpets
a z vysokých věží zazněly trubky
soldiers lined the roads through which they passed
vojáci lemovali cesty, kterými procházeli
Soldiers, with flying colors and glittering bayonets
Vojáci se skvělými barvami a třpytivými bajonety
Every day that they were there there was a festival
Každý den, kdy tam byli, se konal festival
balls and entertainments were organised for the event
k akci byly pořádány plesy a zábavy
But the princess had not yet made her appearance
Ale princezna se ještě neobjevila
she had been brought up and educated in a religious house
byla vychována a vzdělávána v řeholním domě

she was learning every royal virtue of a princess
učila se každé královské ctnosti princezny

At last, the princess made her royal appearance
Konečně se princezna objevila jako královská
The little mermaid was anxious to see her
Malá mořská víla se dočkala, až ji uvidí
she had to know whether she really was beautiful
musela vědět, jestli je opravdu krásná
and she was obliged to admit she really was beautiful
a musela uznat, že je opravdu krásná
she had never seen a more perfect vision of beauty
nikdy neviděla dokonalejší vizi krásy
Her skin was delicately fair
Její kůže byla jemně světlá
and her laughing blue eyes shone with truth and purity
a její smějící se modré oči zářily pravdou a čistotou
"It was you," said the prince
"Byl jsi to ty," řekl princ
"you saved my life when I lay as if dead on the beach"
"zachránil jsi mi život, když jsem ležel jako mrtvý na pláži"
"and he held his blushing bride in his arms"
"a držel svou červenající se nevěstu v náručí"

"Oh, I am too happy!" said he to the little mermaid
"Ach, jsem příliš šťastný!" řekl malé mořské víle
"my fondest hopes are now fulfilled"
"moje nejhlubší naděje jsou nyní splněny"
"You will rejoice at my happiness"
"Budeš se radovat z mého štěstí"
"because your devotion to me is great and sincere"
"protože tvá oddanost ke mně je velká a upřímná"
The little mermaid kissed the prince's hand
Malá mořská víla políbila princovu ruku
and she felt as if her heart were already broken
a měla pocit, jako by její srdce už bylo zlomené

the morning of his wedding was going to bring death to her
ráno jeho svatby jí přinese smrt
she knew she was to become the foam of the sea
věděla, že se má stát pěnou moře

the sound of the church bells rang through the town
městem se rozezněl zvuk kostelních zvonů
the heralds rode through the town proclaiming the betrothal
Heroldové projížděli městem a vyhlašovali zasnoubení
Perfumed oil was burned in silver lamps on every altar
Na každém oltáři se ve stříbrných lampách pálil parfémovaný olej
The priests waved the censers over the couple
Kněží nad párem mávali kadidelnicí
and the bride and the bridegroom joined their hands
a nevěsta a ženich spojili ruce
and they received the blessing of the bishop
a obdrželi požehnání biskupa
The little mermaid was dressed in silk and gold
Malá mořská víla byla oblečená do hedvábí a zlata
she held up the bride's dress, in great pain
ve velké bolesti zvedla šaty nevěsty
but her ears heard nothing of the festive music
ale její uši neslyšely nic o slavnostní hudbě
and her eyes saw not the holy ceremony
a její oči neviděly svatý obřad
She thought of the night of death coming to her
Myslela na noc smrti, která k ní přichází
and she mourned for all she had lost in the world
a truchlila pro vše, co ve světě ztratila

that evening the bride and bridegroom boarded the ship
toho večera nevěsta a ženich nastoupili na loď
the ship's cannons were roaring to celebrate the event
lodní děla řvala na oslavu této události
and all the flags of the kingdom were waving

a všechny vlajky království vlály
in the centre of the ship a tent had been erected
uprostřed lodi byl postaven stan
in the tent were the sleeping couches for the newlyweds
ve stanu byly rozkládací pohovky pro novomanžele
the winds were favourable for navigating the calm sea
větry byly příznivé pro plavbu po klidném moři
and the ship glided as smoothly as the birds of the sky
a loď klouzala hladce jako ptáci na obloze

When it grew dark, a number of colored lamps were lighted
Když se setmělo, rozsvítilo se množství barevných lamp
the sailors and royal family danced merrily on the deck
námořníci a královská rodina vesele tančili na palubě
The little mermaid could not help thinking of her birthday
Malá mořská víla se nemohla ubránit myšlence na své narozeniny
the day that she rose out of the sea for the first time
den, kdy poprvé vystoupila z moře
similar joyful festivities were celebrated on that day
v ten den se slavily podobné radostné slavnosti
she thought about the wonder and hope she felt that day
přemýšlela o zázraku a naději, kterou ten den cítila
with those pleasant memories, she too joined in the dance
s těmi příjemnými vzpomínkami se do tance zapojila i ona
on her paining feet, she poised herself in the air
na svých bolavých nohou se postavila ve vzduchu
the way a swallow poises itself when in pursued of prey
způsob, jakým se vlaštovka staví, když pronásleduje kořist
the sailors and the servants cheered her wonderingly
námořníci a služebnictvo ji udiveně povzbuzovali
She had never danced so gracefully before
Ještě nikdy netančila tak elegantně
Her tender feet felt as if cut with sharp knives
Její něžná chodidla měla pocit, jako by ji řezali ostrými noži
but she cared little for the pain of her feet

ale o bolest nohou se starala pramálo
there was a much sharper pain piercing her heart
srdce jí probodávala mnohem ostřejší bolest

She knew this was the last evening she would ever see him
Věděla, že tohle byl poslední večer, kdy ho viděla
the prince for whom she had forsaken her kindred and home
princ, pro kterého opustila své příbuzné a domov
She had given up her beautiful voice for him
Vzdala se kvůli němu svého krásného hlasu
and every day she had suffered unheard-of pain for him
a každý den kvůli němu trpěla neslýchanou bolestí
she suffered all this, while he knew nothing of her pain
tím vším trpěla, zatímco on nevěděl nic o její bolesti
it was the last evening she would breath the same air as him
byl to poslední večer, kdy dýchala stejný vzduch jako on
it was the last evening she would gaze on the same starry sky
byl to poslední večer, kdy se dívala na stejnou hvězdnou oblohu
it was the last evening she would gaze into the deep sea
byl to poslední večer, kdy se dívala do hlubokého moře
it was the last evening she would gaze into the eternal night
byl to poslední večer, kdy se dívala do věčné noci
an eternal night without thoughts or dreams awaited her
čekala ji věčná noc bez myšlenek a snů
She was born without a soul, and now she could never win one
Narodila se bez duše a teď ji nikdy nemohla vyhrát

All was joy and gaiety on the ship until long after midnight
Na lodi byla až dlouho po půlnoci radost a veselí
She smiled and danced with the others on the royal ship
Usmála se a tančila s ostatními na královské lodi
but she danced while the thought of death was in her heart
ale tančila, zatímco v jejím srdci ležela myšlenka na smrt

she had to watch the prince dance with the princess
musela se dívat, jak princ tančí s princeznou
she had to watch when the prince kissed his beautiful bride
musela se dívat, když princ políbil svou krásnou nevěstu
she had to watch her play with the prince's raven hair
musela se dívat, jak si hraje s princovými havraními vlasy
and she had to watch them enter the tent, arm in arm
a musela se dívat, jak vcházejí do stanu, ruku v ruce

After the Wedding
Po svatbě

After they had gone all became still on board the ship
Poté, co odešli, všichni ztichli na palubě lodi
only the pilot, who stood at the helm, was still awake
jen pilot, který stál u kormidla, byl stále vzhůru
The little mermaid leaned on the edge of the vessel
Malá mořská víla se opřela o okraj nádoby
she looked towards the east for the first blush of morning
pohlédla k východu na první ranní ruměnec
the first ray of the dawn, which was to be her death
první paprsek úsvitu, který měl být její smrtí
from far away she saw her sisters rising out of the sea
z dálky viděla své sestry vystupovat z moře
They were as pale with fear as she was
Byli stejně bledí strachem jako ona
but their beautiful hair no longer waved in the wind
ale jejich krásné vlasy se už nevlály ve větru
"We have given our hair to the witch," said they
"Dali jsme své vlasy čarodějnici," řekli
"so that you do not have to die tonight"
"abys nemusel dnes v noci zemřít"
"for our hair we have obtained this knife"
"pro naše vlasy jsme získali tento nůž"
"Before the sun rises you must use this knife"
"Než vyjde slunce, musíte použít tento nůž."
"you must plunge the knife into the heart of the prince"
"Musíš vrazit nůž do srdce prince"
"the warm blood of the prince must fall upon your feet"
"teplá krev prince musí padat na tvé nohy"
"and then your feet will grow together again"
"a pak tvé nohy znovu srostou"
"where you have legs you will have a fish's tail again"
"kde máš nohy, budeš mít zase rybí ocas"

"and where you were human you will once more be a mermaid"
"a kde jsi byl člověkem, budeš znovu mořskou pannou"
"then you can return to live with us, under the sea"
"pak se můžeš vrátit a žít s námi pod mořem"
"and you will be given your three hundred years of a mermaid"
"a bude ti dáno svých tři sta let mořské panny"
"and only then will you be changed into the salty sea foam"
"a teprve potom se proměníš ve slanou mořskou pěnu"
"Haste, then; either he or you must die before sunrise"
"Pospěš si, buď on, nebo ty musí zemřít před východem slunce."
"our old grandmother mourns for you day and night"
"naše stará babička pro tebe truchlí dnem i nocí"
"her white hair is falling out"
"padávají jí bílé vlasy"
"just as our hair fell under the witch's scissors"
"stejně jako naše vlasy padly pod čarodějčinými nůžkami"
"Kill the prince, and come back," they begged her
"Zabijte prince a vraťte se," prosili ji
"Do you not see the first red streaks in the sky?"
"Copak nevidíš první červené pruhy na obloze?"
"In a few minutes the sun will rise, and you will die"
"Za pár minut vyjde slunce a ty zemřeš."
having done their best, her sisters sighed deeply
když udělaly maximum, její sestry si zhluboka povzdechly
mournfully her sisters sank back beneath the waves
její sestry truchlivě klesly zpět pod vlny
and the little mermaid was left with the knife in her hands
a malá mořská víla zůstala s nožem v rukou

she drew back the crimson curtain of the tent
odhrnula karmínový závěs stanu
and in the tent she saw the beautiful bride
a ve stanu uviděla krásnou nevěstu

her face was resting on the prince's breast
její tvář spočívala na princově prsou
and then the little mermaid looked at the sky
a pak se malá mořská víla podívala na oblohu
on the horizon the rosy dawn grew brighter and brighter
na obzoru bylo růžové svítání stále jasnější
She glanced at the sharp knife in her hands
Pohlédla na ostrý nůž ve svých rukou
and again she fixed her eyes on the prince
a znovu upřela oči na prince
She bent down and kissed his noble brow
Sklonila se a políbila jeho vznešené čelo
he whispered the name of his bride in his dreams
šeptal ve snech jméno své nevěsty
he was dreaming of the princess he had married
snil o princezně, kterou si vzal
the knife trembled in the hand of the little mermaid
nůž se chvěl v ruce malé mořské víly
but she flung the knife far into the sea
ale hodila nůž daleko do moře

where the knife fell the water turned red
kam nůž dopadl, voda zčervenala
the drops that spurted up looked like blood
kapky, které vystříkly, vypadaly jako krev
She cast one last look upon the prince she loved
Vrhla poslední pohled na prince, kterého milovala
the sun pierced the sky with its golden arrows
slunce probodávalo nebe svými zlatými šípy
and she threw herself from the ship into the sea
a vrhla se z lodi do moře
the little mermaid felt her body dissolving into foam
malá mořská víla cítila, jak se její tělo rozpouští v pěnu
and all that rose to the surface were bubbles of air
a vše, co vystoupilo na povrch, byly bubliny vzduchu
the sun's warm rays fell upon the cold foam

teplé sluneční paprsky dopadaly na studenou pěnu
but she did not feel as if she were dying
ale necítila se, jako by umírala
in a strange way she felt the warmth of the bright sun
zvláštním způsobem cítila teplo jasného slunce
she saw hundreds of beautiful transparent creatures
viděla stovky nádherných průhledných tvorů
the creatures were floating all around her
stvoření se vznášela všude kolem ní
through the creatures she could see the white sails of the ships
skrz stvoření viděla bílé plachty lodí
and between the sails of the ships she saw the red clouds in the sky
a mezi plachtami lodí viděla na nebi rudé mraky
Their speech was melodious and childlike
Jejich řeč byla melodická a dětská
but their speech could not be heard by mortal ears
ale jejich řeč nemohla být slyšena smrtelnýma ušima
nor could their bodies be seen by mortal eyes
ani jejich těla nemohla vidět smrtelné oči
The little mermaid perceived that she was like them
Malá mořská víla pochopila, že je jako oni
and she felt that she was rising higher and higher
a cítila, že stoupá výš a výš
"Where am I?" asked she, and her voice sounded ethereal
"Kde to jsem?" zeptala se a její hlas zněl étericky
there is no earthly music that could imitate her
neexistuje žádná pozemská hudba, která by ji mohla napodobit
"you are among the daughters of the air," answered one of them
"Jsi mezi dcerami vzduchu," odpověděla jedna z nich
"A mermaid has not an immortal soul"
"Mořská panna nemá nesmrtelnou duši"
"nor can mermaids obtain immortal souls"

"Ani mořské panny nemohou získat nesmrtelné duše"
"unless she wins the love of a human being"
"pokud nezíská lásku lidské bytosti"
"on the will of another hangs her eternal destiny"
"na vůli druhého visí její věčný osud"
"like you, we do not have immortal souls either"
"jako ty, ani my nemáme nesmrtelné duše"
"but we can obtain an immortal soul by our deeds"
"ale nesmrtelnou duši můžeme získat svými skutky"
"We fly to warm countries and cool the sultry air"
"Letíme do teplých krajin a chladíme dusný vzduch"
"the heat that destroys mankind with pestilence"
"teplo, které ničí lidstvo morem"
"We carry the perfume of the flowers"
"Nosíme vůni květin"
"and we spread health and restoration"
"a šíříme zdraví a obnovu"

"for three hundred years we travel the world like this"
"Tři sta let takto cestujeme po světě"
"in that time we strive to do all the good in our power"
"v té době se snažíme udělat všechno dobré, co je v našich silách"
"if we succeed we receive an immortal soul"
"Pokud uspějeme, obdržíme nesmrtelnou duši"
"and then we too take part in the happiness of mankind"
"a pak se i my podílíme na štěstí lidstva"
"You, poor little mermaid, have done your best"
"Ty, ubohá malá mořská vílo, udělala jsi, co jsi mohla"
"you have tried with your whole heart to do as we are doing"
"Celým srdcem jsi se snažil dělat to, co děláme my"
"You have suffered and endured an enormous pain"
"Trpěl jsi a snášel jsi obrovskou bolest"
"by your good deeds you raised yourself to the spirit world"
"svými dobrými skutky jsi se povznesl do duchovního světa"
"and now you will live alongside us for three hundred years"

"a teď budeš žít vedle nás tři sta let"
"by striving like us, you may obtain an immortal soul"
"Usilováním jako my můžete získat nesmrtelnou duši"
The little mermaid lifted her glorified eyes toward the sun
Malá mořská víla zvedla své oslavené oči ke slunci
for the first time, she felt her eyes filling with tears
poprvé cítila, jak se jí oči plní slzami

On the ship she had left there was life and noise
Na lodi, kterou opustila, byl život a hluk
she saw the prince and his beautiful bride searching for her
viděla prince a jeho krásnou nevěstu, jak ji hledají
Sorrowfully, they gazed at the pearly foam
Smutně hleděli na perleťovou pěnu
it was as if they knew she had thrown herself into the waves
jako by věděli, že se vrhla do vln
Unseen, she kissed the forehead of the bride
Neviditelně políbila nevěstu na čelo
and then she rose with the other children of the air
a pak vstala s ostatními dětmi vzduchu
together they went to a rosy cloud that floated above
společně šli k růžovému mraku, který se vznášel nahoře

"After three hundred years," one of them started explaining
"Po třech stech letech," začal jeden z nich vysvětlovat
"then we shall float into the kingdom of heaven," said she
"Pak poplujeme do království nebeského," řekla
"And we may even get there sooner," whispered a **companion**
"A možná se tam dostaneme dřív," zašeptal společník
"Unseen we can enter the houses where there are children"
"Neviditelně můžeme vstoupit do domů, kde jsou děti"
"in some of the houses we find good children"
"v některých domech najdeme hodné děti"
"these children are the joy of their parents"
"tyto děti jsou radostí svých rodičů"

"and these children deserve the love of their parents"
"a tyto děti si zaslouží lásku svých rodičů"
"such children shorten the time of our probation"
"takové děti zkracují dobu naší zkušební doby"
"The child does not know when we fly through the room"
"Dítě neví, když prolétáme místností"
"and they don't know that we smile with joy at their good conduct"
"a nevědí, že se s radostí usmíváme nad jejich dobrým chováním"
"because then our judgement comes one day sooner"
"protože pak náš soud přijde o den dříve"
"But we see naughty and wicked children too"
"Ale vidíme i zlobivé a zlé děti"
"when we see such children we shed tears of sorrow"
"Když vidíme takové děti, roníme slzy smutku"
"and for every tear we shed a day is added to our time"
"a za každou slzu, kterou prolijeme den, se přidá náš čas"

www.tranzlaty.com

www.ingramcontent.com/pod-product-compliance
Lightning Source LLC
Chambersburg PA
CBHW012008090526
44590CB00026B/3924